मानवता का सृजन

कविताओं का एक संग्रह

अम्बा दत्त पलीवाल

प्रस्तावना

इस संक्षिप्त पुस्तक के माध्यम से मैं सुधि पाठकों व कविता-प्रेमियों के लिए अपने जीवन के खट्टे-मीठे अनुभवों पर आधारित चन्द कविताएँ पहुँचाने का पहली बार प्रयास कर रहा हूँ। इन कविताओं में उच्च कोटि की श्रेष्ठता हो, ऐसा दावा मैं नहीं करता, किन्तु इन कविताओं में इन्सानी जज़्बातों के आधार पर जीवन में घटित होने वाले अनुभवों को सशक्त ढंग से प्रस्तुत करने की चेष्टा अवश्य की गई है, जिससे अमूमन हर इन्सान को दो-चार होना ही पड़ता है।

यदि इन कविताओं के माध्यम से पाठकों को जीवन की सच्चाई की अनुभूति हो सके तो मैं मानूँगा कि यह मेरा सूक्ष्म प्रयास सफल रहा।

पुस्तक में यदि किसी प्रकार की कमी रह गई हो तो उसका उत्तरदायित्व पूर्ण रूप से मुझ पर है। पाठक गण यदि मुझे अपने सुझावों से अवगत कराएंगे तो यह मेरे लिए प्रसन्नता का विषय होगा।

इस पुस्तक को मूर्तरूप देने में मुझे अनेक ज्ञान-समृद्ध व्यक्तियों का सहयोग प्राप्त हुआ है जिसके लिए उन सभी के प्रति हार्दिक आभार व्यक्त करता हूँ।

मैं विशेष रूप से श्री श्याम पालीवाल व श्रीमति आभा गर्ग के प्रति अपना हार्दिक आभार व्यक्त करता हूँ जिन्होंने इस पुस्तक के पाण्डुलिपि के निर्माण में अथक सहयोग दिया।

पुस्तक लिखने की विषय सामग्री मूलतः मुझे अपनी दिवंगत पत्नी श्रीमती राधा पालीवाल के साथ जीवन शैली पर विस्तृत चर्चा के दौरान प्राप्त हुई। अतः अपने नम्र भाव से यह पुस्तक मैं उन्हीं के प्रति श्रद्धांजली के रूप में समर्पित कर रहा हूँ।

नौयडा

दिनांक 15 अगस्त 2022

निवेदक

ए.डी. पालीवाल

1

एक लेखक को कागज़ मिला, स्याही मिली, और लिखने को मिली कलम,

लेखक ने क्या खूब लिखा, जो लिखा जी भर कर लिखा,

पर जो लिखा, सब फिज़ूल ही लिखा, यदि किसी गरीब, असहाय का दर्द ना लिखा।

गज़ल, गीत, शायरी किसी का पेट भरते नहीं यारो,

वो जो भूखे, प्यासे, गरीब आसमान के नीचे खुले में गुज़ार देते हैं जो अपनी रातें यारों।

क्या सोच है जीवन में मेरी कि सिर्फ मेरा चूल्हा ही जलता रहे

चाहे दूसरे के चुल्हे में हो न एक कतरा खाक का बाकि।

ऐसा जीना भी क्या जीना, जिसमे एक-दूसरे के लिए दर्द न हो,

जागना होगा इंसान को, छोड़नी होगी यह फितरत,

वरना इंसानियत छलनी-छलनी हो जाएगी, कहर दिखाएगी अपना कुदरत।

फिर कौन किस के काम आएगा, जब हर इंसान होगा फिरता दर-बदर,

न खुदा को तब इल्ज़ाम देना, जब हर तरफ होगा आग से धधकता एक मंजर।।

2

देखे होंगे ज़माने ने कई 'हुनर' आबाद होते,

पर 'इन्सानियत' का हुनर कहाँ खाक हो गया?

था रिश्ता इन्सान का इन्सानियत से, पर वो क्यों हैवानियत का
शिकार हो गया?

जानवरों की ज़ुबान नहीं होती, फिर भी एक दूसरे का दर्द जान
लेते हैं,

पर इन्सान ने हैवानियत को अपना लिया है इस कदर,

कि उसे दूसरों के दर्द का अहसास ही नहीं होता।

दिखाने भर के लिए हम खुदा की इबादत का झूठा लबादा ओढ़े
रहते हैं,

फिर अपनी घिनौनी हरकतों से परवरदिगार को भी शर्मसार
करते हैं।

चलेगा ये खेल फरेब का कब तक यूँ ही यहाँ?

कहीं ऐसा न हो कि हमारी यह फितरत एक दिन हमें ही
खाक कर दे!

फिर न कहे कोई कि हमें किसी ने जगाया नहीं,

जलती आग को किसी ने बुझाया नहीं।।

गरीब की रोटी छीनने की कोशिश ना करो,

खा लेने दो सुकून से उसे रुखी-सूखी अपनी मेहनत की रोटी।

न लगा सको 'घी' उसकी रोटी पर तो कोई बात नहीं,

पर उसकी रूखी रोटी पर ना रखो हथियाने की नियत कभी।

वो क्यूँ है लाचार, बेहाल इस कदर, सोचा क्या कभी
एक बार भी,

है वो भी किसी माँ का बेटा, जिस माँ कि लिए था वो सपनो
भरा संसार कभी।

फरेब का व्यापार चलाया है शर्मायदारों ने इस तरह यहाँ,

कि भूला ही दिया इंसानियत का सबक, ओढ़ के मक्कारी को
लिबास यहाँ।

इंसान ने खाई होती अगर मेहनत की कमाई,

तो दुनिया आज इस हाल बेजार न होती।

फिर कैसे कह दूँ यह दुनिया है 'सुखों का सागर'!

इसने बना लिया है अपना चेहरा इतना बदनुमा, कि इसमें सिर्फ
'बू' आती है अहंकार की

तौबा है खुदा की इस दुनिया से, जहाँ हर ओर से आती हैं
आवाज़ें जुल्मों सितम की।।

4

आज मेरी 'वक्त' से मुलाकात हुई, उसने मेरा हाल पूछा,

मैंने खुद को छलते हुए कहा "सब ठीक चल रहा है"।

वक्त ने कहा 'यार' कभी तो सच बोल दिया करो,

मैं कोई पराया तो नहीं, तुम्हारा ही हम-सफर हूँ।

दर्द में तुम्हारी मुस्कुराहट मैं साफ देख रहा हूँ।

तुम अन्दर से कुछ और - बाहर से कुछ और बनते हो।

जानते तो तुम भी हो ही कि उदास तुम ज़िन्दगी से किस
कदर - हो।

मैं तो तुम्हें हर हाल में प्यार करता रहूँगा, हमारे बीच जो हम-
सफर का रिश्ता है।

आओ मेरे आँचल में, छोड़ दो अपनी उदासी का आलम,

करो उस मुकाम का एहतेराम, जहाँ पहुँचाना है मुझे लेकर
तुम्हें साथ,

जिओगे अगर बदली हुई सोच से मेरे हमसफ़र,

तब सुकून भरा होगा तुम्हारा आज का जीने का मकसद।।

5

हैं ये साँसें गिनती की, हर साँस की है कीमत बहुत बड़ी,
एक-एक साँस के लिए तरसता है इन्सान, जब मौत हो
सामने खड़ी।

भगवान भी आज हैरत में है कि उसका इन्सान किस हाल
गैरत में है,

खुद को उसे खबर नहीं अपने अगले साँस की, पर दूसरों की हर
साँस पर है उसकी नापाक नज़र।

नफरत से भरी इस दुनिया में चलता है व्यापार दुश्मनी का
यहाँ हर पहर,

अभी तो इन्सान जी रहा है जीने भर के लिए, क्योंकि मौत को
बुलाना उसके बस में है नहीं,

पर इस जीवन को जीने से क्या मकसद, जिसमें प्यार भरा
कोई रस नहीं।

अब कैसे ढूँढूं इन्सान अपने सुख-चैन का रास्ता, हर मोड़ है
सकंरा, हर रास्ता है टूटा हुआ।

अब तो ये आलम है इन्सान दूसरों को छोड़िए, अपनी आत्मा
की आवाज़ भी सुनता नहीं।

तभी तो आज दुनिया में कोहराम ही कोहराम है पसरा हुआ।

कौन सी हवा की सुगन्ध इस हैवानियत के मिज़ाज को बदलेगी,

कौन सी वह घड़ी होगी जब दिन सुहाना और रात समुन्दर सी
शांत होगी।

क्या भगवान ही सुधार का कोई रास्ता अख्तियार करेगा?

हैं उसके हाथ बहुत लम्बे ऐ दोस्त, वो हर हाल में समर्थ और
बलवान है,

कौन जाने कब प्रकृति अपना भयानक रुप लेकर फिर-फिर आए,
जिससे इन्सान लड़ ही न पाए।

उस हाल में इन्सान शायद अपने ज़ज़्बातों पर कुछ
लगाम लगाए,

न बचे उसमें ईष्या, न अहंकार और ना ही इच्छऔं का अम्बार,

जिए वो इस छोटे से जीवन को खुशी से, गोया कि ये चोला
मिलता नहीं बार-बार।।

6

वक्त के आगे किसी का वजूद टिकता नहीं,

है यह बात कितनी सच्ची, पर मानने को कोई तैयार नहीं।

आता है शहर में जब सैलाब तो कुछ बचता नहीं,

है गुमां मुझे किस बात का, तेज़ हवा का झोंका मैं सह
सकता नहीं।

मेरे चैन की घड़ियां है सिर्फ मंज़र के आने तक,

फिर देखिए हाल मेरा, होता हूँ मैं बेहाल किस कदर।

होगा इन्सान इतना कमज़ोर, देख कर तो लगता नहीं।

मुझ सा लगभग हर इन्सान है आज हैवानियत का रूप लिए,

जिसमें इन्सानियत का कोई अंश बचा नहीं।

इसके दाँतों में सर्प का सा ज़हर तो दिखता नहीं,

पर इसके जान लेवा खेल किसी अजगर से कम नहीं।

इसीलिए तो इन्सान अब जितना इन्सान से डरता है, उतना
जानवरों से नहीं।।

7

कहने को सभी जानते हैं कि हर इन्सान की मौत का
आना है अटल,

फिर भी मौत कब, कहाँ और कैसी होगी, इससे है हर
कोई बेखबर,

टिके हैं अपनों के साथ सभी रिश्ते एक रेत के टीले के समान,

न जाने कब बिखर जाएँ एक हल्के से हवा के झोंके के साथ,

कौन, कब, किस से बिछड़ जाए देकर घड़ी-दो-घड़ी का साथ,

रह जाती है सिर्फ यादें उनकी, खींचीं हों जैसे पत्थरों पर
लकीरें हज़ार,

भुलाया जा नहीं सकता अपने साथी के साथ देखें सुख-दुख
के मंज़र,

हैं अब आँखें उसकी बन्द, ज़ुबां भी बन्द है, खो गए हैं उसके
इशारों भरे नज़ारे,

ग़म में डूबा है दिल मेरा कि मेरे हाथों ही होना था उस अज़ीज़
को रुखस्ते-आग।

धूँ-धूँ करके जल उठेगा चन्द घड़ियों में उसका जर्जर हुआ शरीर,

सिर्फ बच जाएगी थोड़ी सी राख।

उस मुट्ठी भर राख में ढूँढता रहूँगा - उसकी जीती-जागती शक्ल
को बार-बार,

लगता है उसकी रूह कह रही हो, प्यार भरा साथ था हमारा
यहीं तक,

तू जा-अब अपनी बची-सही दुनिया संभाल,

अलविदा मेरे यार, अलविदा मेरे यार।।

अम्बा दत्त पालीवाल **17**

8

इन्सान का हर दिन एक समान होता नहीं,

कैसा होगा उसका अगला पल, इसका उसे पता नहीं,

यह जानकर भी कि वो चन्द दिनों के लिए ही इस जगत की
एक पहचान है,

वह इस सत्य को भुला देने में तनिक देर करता नहीं।

देखता तो है वह अपने चारों ओर घटते अजीबो-गरीब मंजर को,

पर उनसे वह कुछ सीखने को तैयार नहीं।

दूसरों को दर्द में देखकर उसे उनसे कोई हमदर्दी भी नहीं,

अकड़ और घमण्ड में चूर इतना कि दूसरे उसे नज़र आते प्यादे
से ज़्यादा कुछ नहीं।

चन्द सुखों को पाने की खातिर वो घोट देता है गला अपनी
आत्मा का,

जिसमें इन्सानियत की जोत फिर कभी जलती नहीं

फिर एक दिन वह उसी मुकाम पर पहुँचता है, जहाँ उसकी सुध
लेने वाला कोई नहीं

उस समय का दर्द शायद मौत के आने के डर से ज्यादा
तकलीफ-देह होता है

क्योंकि मौत के बाद कोई दर्द होता नहीं।

ये हालात इन्सान ने खुद अपने लिए पैदा किए हैं,

भगवान ने तो इस जन्नत नुमा संसार को दर्द देने के लिए
बनाया ही नहीं।।

9

हसरतें न जगा बन्दे दिल में इतनी कि वो फिर तेरे काबू से
बाहर हो जायें,

जो मिला है, उसी को ले अपना मुक्कदर मान।

न जाने कितनों को तो इतना भी नसीब होता नहीं, रहे इसी में
खुदा का शुक्रगुज़ार,

रख अपने सपनों को लगाम में बन्दे, तूने अभी देखा कहाँ है
वक्त का बिगड़ता मिज़ाज़।

तेरा कोई भी क्यों न हो फलसफा, खुदा की रहमत से ही है वो
टिका हुआ,

आरज़ू रख अब तो बस इतनी, कि तेरा हर पल कटे उसी की
याद में दिन-रात।

कहने को कोई 'सिकंदर' रहा होगा, गया यहाँ से वो भी
खाली हाथ,

जनाज़े में अपने हाथों को खुला ही रखने की इसलिए बन गई
एक मिसाल,

ताकि समझ सके दुनिया कि आया था लेकर जो अपनी मुट्ठी बंद,

गुज़र गया इस ज़हान से वो लेकर खाली हाथ।।

10

'मौत' है नाम उस घड़ी की जो दहशत भरा मंज़र ले
कर आती है,

इसे आना है सब के पास एक दिन, हम फिर भी इससे बेपरवाह
बैठे हैं

ना हमने इसके साथ अब तक कोई समझौता किया,

कि ये आए हमारा मेहमान बन के और प्यार से हमें ले जाए।

और ना ही इसे मात देने की हमने ताकत ही पाई है,

इसलिए हर इंसान मौत का नाम सुनते ही बेहाल हो जाता है।

जान पाए अगर इंसान मौत की फितरत को सही से,

तो पाएगा यह ग़म का आलम नहीं, नई रूह में पहुंचने का एक
ज़रिया है।

ज़रूरत है तो सिर्फ बची हुई घड़ियों को संजोने और संवारने की,

ताकि हम खड़ी कर सकें एक सुन्दर सी मिनारें-ए-सुकून की।

इसके लिए अब भी कोई देर नहीं हुई, जब जागो तभी सवेरा है,

पर देर घड़ी तक इस ज़ज़्बे के लिए इंतज़ार करना बेवजह है।

आइए, हम समझें 'मौत' की खुद की मज़बूरी को,

इसे तो काम ही ये मिला है बनाए रखे ये दुनिया को सदा
नई की नई।

कौन नहीं खोता अपना वजूद इस दुनिया में, इंसान हो जानवर
या हो पशु-पक्षी,

हम चल कर मौत का इस्तकबाल करें, और मनाएँ इसे एक
उत्सव की तरह,

दे रास्ता नई पीढ़ी को जन्म लेने का,

ताकि हमारी विदाई से कोई फूल खिले नया महकता सा।।

11

हूँ खड़ा सड़क किनारे, आने वाली बस के इंतज़ार में,

जो मुझे ले जाएगी इस दुनिया के पार कहीं।

यूँ हर घड़ी बहुत सी बसें इसी रास्ते से गुज़रती हैं, जाती हुई
एक ही दिशा की ओर,

पर किसी बस को इस डगर पर लौटते देखा नहीं।

क्या माज़रा है! हर गुज़रती बस में सन्नाटा है, और रोशनी भी
लापता है।

दिखता नही अंदर कोई कंडक्टर, न ही ड्राइवर का पता है,

क्या कमाल की रफ़्तार है इस बस की, सड़क है कच्ची और
गढ्ढे हैं इसमें बहुतेरे,

पर बस से निकलती नहीं कोई आवाज़ है।

मुझे भी कोई ऐसी ही बस आकर, एक दिन ले जाएगी
अपने साथ,

मुझे उस में सिर्फ चढ़ जाना होगा, बिना किए कोई आवाज़।

कितनी दूर का होगा यह सफर, इसकी मुझ को कोई खबर नही,

पर तसल्ली है इस बात की कि मैं सही सलामत पहुँचूँगा अपनी मंज़िल पर,

क्योंकि यह बस रास्ते में कहीं ख़राब होती नहीं।

फिर मुझे ऐसी बस से सफर करने में डर कैसा?

रिश्ते-नाते जो बने थे इस संसार में, उनकी यही इंतहा होगी,

जैसे भी कर्म किए हैं मैंने इस जगत में, सिर्फ उनका ही अब हिसाब-ए-बयाँ होगा,

इस सच्चाई को समझना है ज़रुरी, हो न हो मेरी बस के पहुँचने में अभी थोड़ी देर हो बाकि।।

12

सागर की शान में यूँ तो कसीदें पढ़ती हैं लहरें।

पर लहरों में इतनी ताकत कहाँ कि सागर की रवानी बदल सके!

इंसान की हालत भी कुछ-कुछ ऐसी ही है जनाब,

जिसकी हथेली की महीन सी लकीरों से तय होती है उसकी
ज़िन्दगी का बयार,

सागर की लहरों के ऊँचा उठने का भी एक दायरा होता है,

उसी तरह इंसान के उड़ने की औकात भी आसमान के पास तक
भी उड़ने की नहीं होती,

हो अगर ज़ज़्बा जीने का 'हार' के बाद भी,

फिर 'हार' खुद फ़ना हो जाती है, जीत लेने के अहसास से,

सिर्फ इंसान को अपनी 'खुदी' को बुलंद करना होता है इतना
कि जीत कहे, आ मेरे यार, कर मुझे तस्लीम बुलंदी से भरा
नज़ारा।।

13

ज़िंदगी को समझ पाना इतना भी मुश्किल न था,

कि इसके अंतिम छोर तक आकर भी मैं खुद को ठगा-ठगा सा
ही हूँ पाता!

हर दिन यही सोचता रहा कि कल कुछ अच्छा कर लूँगा,

पर अपने ही संकल्पो का जाल ऐसा बना कि वह दिन कभी
आ ही न सका,

अब पीछे मुड़कर देखूँ तो क्या देखूँ, जो अब सिर्फ एक दल-दल
का मंज़र है।

अब मायूसी का ऐसा आलम है कि कुछ नेक करने की सूझती
ही नहीं,

आने वाला 'कल' भी अब इतना करीब है की 'आज' और 'कल'
में फर्क दिखता ही नहीं।

सोचता हूँ क्या फिर कभी 'इंसान' का जन्म मिलेगा मुझे?

मिल भी गया तो क्या वह जीवन भी नादानी भरा ही बीतेगा?

यह कैसा सिलसिला चला रखा है मालिक ने,

कि इंसान कभी मुक्कमल बन कर जी ही नहीं सकता।

ये दर्द है मेरे दिल का, क्या यह बोझ कभी कम होगा?

अन्तिम घड़ी अब जब नज़दीक है, क्या खुदा कभी तेरा मुझ पर
रहमो करम होगा?

14

है कोई जो तेरी इस दुनिया को समझ पाया हो?

गुमान रहता है इन्सान को कि वो सब कुछ समझ रहा है
सही सही।

इस गफलत में वो जीता है यहाँ कि होगा ना उससे इन्सान
बेहतर कोई,

तू जो चाहता है अपने इन्सान से, वो उसे पता नहीं।

वो करता है जो तुझे पसंद नहीं,

खोया है वो दुनिया के माया जाल में इस कदर,

मानो बटोर कर ले जाएगा सामान दुनिया का अपने कफन
के अन्दर।

भूला बैठा है वो इस जन्म को पाने का मकसद,

ये झूठी दुनिया ही उसे भाति है, अपने खुदा से है बेखबर।

है अहम उसका सातवें आसमान पर, कि ज़मीन पर चलना उसे
पसंद नहीं,

कहने को वो इन्सान है, पर शैतानों से वो किसी हाल
कम नहीं।

समझेगा कब कि गुज़रते समय का पहिया कभी थमता नहीं,

ज़मींदोज़ होगा जब जिस्म उसका एक रोज़, इन्तहाँ होगी हर
रिश्ते की वहीं पर।

जाग जाए इन्सान इससे पहले कि वो सुपुर्द-ए-खाक हो,

फिर तो खाक भी न होगी किसी काम की।

जीते जी करले भलाई का ऐहतराम, जीते जी मिलेगा सुकून,
मिलेगा आराम।।

15

मैं किसी को कुछ देने के काबिल तो नहीं,

दे सकता हूँ तो सिर्फ अपनी शुभकामनाओं के साथ प्यार भरी मुस्कान।

दी हुई वस्तु का मोल होता भी कहाँ, सब का सब तो छूट जाता है यहाँ

अगर इंसान दुआओं और मुस्कान को ही बाँट ले आपस में,

तो बन जाए यह धरती एक खुशी का समंदर।

पर न जाने क्यों है इंसान इस हकीकत से बेखबर

अमुमन है वो करता यहाँ नफरत भरा ही व्यवहाराँ

और बोता है हर घड़ी बीज नफ़रत के बेहिसाब

गुलज़ार में तो इसे फूलों के खिलने का रहता है इंतज़ार,

पर अपने ही बन्दों से है क्यों उसको तकरार?

खुद के साथ बैठ कर इस पर सोचना होगा इंसान को एक दिन,

और निकलना होगा इस नफरत भरे दलदल से बाहर

निकलने का रास्ता भी कोई मुश्किल है नहीं,

अगर नेक रास्ते पर चलने में न हो खोट कहीं।।

16

इस मोड़ पर आके लगा, बिन साथी जीवन सूना है,

रहते हुए जिसकी हम कदर नहीं करते, वो जाने के बाद
बेशकीमती लगता है,

इन्सान की फितरत भी क्या अजीब है, हर मोड़ पर आँखें
मूँदे है,

खुद के अहम में डूबा इतना, दूसरे का साथ उसे बौना ही
लगता है,

है खुदगर्ज़ इतना कि साथी की जुदाई के डर से सदा खौफज़दा
रहता है,

क्यों न इन्सान अपने हम-सफर से जीते-जी खुल कर प्यार का
इज़हार करे!

गफ़लतों भरा संसार लेकर बैठा है हर इन्सान,

रास्ता भूला हुआ है, और है हर घड़ी परेशान,

समझ बैठा है दुनिया उसकी मुट्ठी में है,

पर सच्चाई ये है नहीं मेरे दोस्त।

दुनिया चलती है सच्चे रिश्तों के बल पर,

ये रिश्ते अनमोल हैं, इनका कोई मोल नहीं,

अगर हम अपना अहम मिटा कर जी पाएं,

तो उस जीवन से बेहतर किसी वस्तु का मोल नहीं।।

17

तुम्हारी बहुत चाहत थी कि तुम सुहागन ही गुज़रो,

देखो तुम्हारी वो तमन्ना किस कदर कामयाब हुई।

जिए तो पाँच दशकों तक हम साथ-साथ

पर आखिरी के 50 घंटे हम सब के लिए बेज़ार हुए,

ना आँखें खोली, न ज़ुबां चली,

न जाने उस वक्त तुम कहाँ और किस हाल रहीं

तब से गुज़रे हैं जो चन्द दिन,

ज़िन्दगी इन दिनों बदहाल ही रही।

कहते हैं सच्चा प्यार कभी मरता नहीं,

पर बिन तुम्हारे दिन सुकून से कटते भी तो नहीं।

जगत तो अब भी यूँ ही चल रहा है,

यही दुनिया की रवायत है,

अब जब तुम न हो साथ मेरे,

मेरे लिए एक रुसवाई के सिवा कुछ बचा नहीं।

इतने तो मेरे कर्म नहीं कि तुम्हें मैं फिर मिल पाऊँ,

अगले जन्मों में मिलने की बात भी अब तमाम हुई।

चलो, अब तुम सपनों में ही आते रहना,

जब तक मुझमें बची हुई हैं साँसें।

तुम मुझे सदा खुश दिखो उन सपनों में,

यही मेरी अब बची हुई - आस है।।

18

अब मैं इस कदर खुश हूँ, जब हूँ मैं अब तेरी ही याद में

कर ना पाऊँ बयान इस हाल का जो उतरी है सीधे आसमान से।

ज़िन्दगी अब जिस हाल मेरी बदल रही है, मैं खुद से ना इसे
समझ पाऊँ

बदल रही हैं मेरी राहें, चाहे हो रफ्तार, धीरे धीरे ही सही

मन को तसल्ली है कि अब तू बस रहा है मन में मेरे
हर घड़ी

पहुँचना हो तेरे पास चाहे धीरे धीरे ही सही।

तेरे ख्यालों ने घर बना लिया है मन मन्दिर में मेरे

लगता है तुझ से प्यार हो रहा है, चाहे रफ्तार हो उसकी, धीरे
धीरे ही सही

अपनी गोद में ले ले अब पिता मेरे, कि तेरी कृपा के बिना मेरा
गुज़ारा नहीं

मैं जैसा भी रहा हूँ इस संसार में, अब लौट चला हूँ तेरी याद
में, धीरे धीरे ही सही

संसार अब लगने लगा है मुझे फीका फीका सा,

पाऊँगा सुख अब तेरी ही शरण में, चाहे तेरे धाम पहुँचूँ, धीरे धीरे ही सही

उठा लेना मुझे अपने हाथों में अगर मैं गिर रहा हूँ कहीं,

मैं गिर कर खुद उठने के काबिल नहीं,

राह देखता ही रहूँगा तेरे आने की, चाहे तेरी रफ़्तार हो, धीरे-धीरे ही सही।।

19

लिखी जाती होंगी जहाँ मुक्कदर, क्या वहाँ रिश्वत देने की कोई
मिसाल नहीं होगी?

शायद न हो, इसलिए कि मुक्कदर की भीख मांगने वाले के
पास देने को कुछ है ही नहीं।

फिर कौन सा हो रास्ता कि न बने इंसान मुक्कदर
का मोहताज,

और जिए ले कर खुद्दारी का अंदाज।

वरना इस दुनिया में इंसान बन कर आने का मकसद न
रहेगा बरकरार।

मैं समझ नहीं पा रहा खुदा का इस दुनिया को बनाने
का मकसद,

जहाँ इंसान चैन भरे लम्हों के लिए भटकता रहे दरबदर,

सोचता हूँ छोड़ दे सोचना इंसान मुक्कद्दर की टेढ़ी-मेढ़ी लकीरों
के बारे में

सिर्फ एक राह अपनाले अपनी ज़िंदगी को सुकून भरी
बनाने के लिए

प्यार का रिश्ता बना ले हर एक से बिना 'गरज' के,

हो सकता है उसकी मुक्कदर की लकीरें खुद बदल जाएं

बेहिसाब।।

20

है तुझे इख्तयार जरूर अपने बन्दों के गुनाहों का हिसाब
रखने का,

पर तेरी रचना में कहाँ भूल हुई, इस पर भी विचार करना है
ज़रुरी!

तूने छलिया बन के तो यह सारा खेल रचा न होगा,

कि इंसान लगता है जैसे वह हो एक शातिर मदारी!

या मैं क्या यह समझुं कि माटी में जान डालकर तू भुल गया
अपनी ज़िम्मेदारी!

आज तेरा इंसान हैरान और परेशान है, सद्कर्मों का रास्ता उसे
कोई सूझता नहीं

इसी कारण उसे इंसान होने का भी न कोई फक्र है,

क्योंकि जानवर भी उसे खुद से लगता बेहतर है।

दुनिया की हर चीज पा कर भी वो चंद घड़ियों की नींद का
मोहताज है,

क्या करे उन अटारियों का जो खुद में है बेजान, रिश्ते नाते भी
हैं उसके सुनसान,

तुझे लगता तो होगा इंसान की इस बदहाली कि लिए कोई तो
है ज़िम्मेदार।

मेरे इस सवाल पर तू न खफा हो मेरे परवरदिगार,

कुछ तो रहम कर अपनी सबसे सुन्दर कृति पर, मत छोड़ उसे
इस कदर बेहाल।

ज़िंदगी की रफ़्तार बदल दे उसकी इस तरह कि वो नज़र आए
आनंदित और खुशहाल,

है तू पिता सब का, क्यों ना होगा उसकी खुशी पर तुझे तसल्ली
का एहसास!

अगर जाग गया इंसान अब भी तेरा, तो महका देगा तेरा सुन्दर
सा संसार।।

21

आज एक बात ज़हन में आई, कि मैंने संसार से तो पाया
बहुत कुछ,

पर क्या मैंने कभी इसी संसार को भलाई का एहसास लौटाया?

जिन्दा रहने कि लिए हर चीज़ मैंने यहीं से पाई,

सदा माना उन पर बेखौफ अपना हक़, दूसरों की सामग्री
भी चुराई।

अगर आया समय किसी पर विपदा का, मैंने उसमें भी ढूँढी
अपनी ही भलाई,

मेरे सामने कोई भूख से मर रहा हो तो मैंने अपनी आँख दूसरी
ओर घुमाई,

कहाँ लुप्त हुई संवेदना मेरी, कहाँ मर गया विवेक मेरा, कहाँ
गई चेतना मेरी?

क्या पाऊँगा बदले में जब होगी जग से मेरी विदाई?

शरीर तो मेरा खाक होगा, आत्मा के साथ भी न चलेगी
कोई कमाई।

जाग गया अगर अब भी तो भला है, कर सकूँगा अपने दोषपूर्ण कर्मों की कुछ तो भरपाई।

प्रभु तू ही कर मुझ पर रहम इतना कि पाजाऊँ तेरी रहनुमाई।।

22

अब करनी है चलने की तैयारी, समय बचा है अब थोड़ा बाकि,

गठरी का बोझ साथ होगा नहीं, पर आत्मा पर भी बोझ
रहे न बाकि।

पिछले कर्मों पर न रहे कोई सोच-विचार, आगे के कर्मों में हो
शुद्धता का संचार

हैं, जो गांठे मन में हज़ार उन्हें खोलना जरूर है बाकि,

जब तू इस जगत में आया था, न था यहाँ कोई दोस्त, ना थी
किसी से यारी

पाले-पोसे तूने बंधन यहाँ इस कदर, कोई बन गया तेरा मित्र,
कोई बन गया बैरी

अब बचे समय में उस राह की लगन लगा, जहाँ तुझे जाना है
हाथ खाली

अपने कर्मों का रूप बदल इस तरह कि सत्त-चित्त आन्नदमयी
आत्मा ही रहे बाकि

हर कोई तुझे लगने लगे खुद सा, द्वैत का भ्रम मिटाए,

हर आत्मा में है वास उसी का, तू इस सत्य को पा जाए

बस इतनी सी कब ंकरनी है तैयारी

अब बस करनी है चलने की तैयारी।।

23

क्या है माज़रा ऐ मेरे दोस्त!

अब मैं ज़िन्दा हूँ तो क्यों करता है तू मुझ से तकरार,

मेरी मौत के बाद ही क्यों तू करे मुझे याद,

मैं दुनिया से चला ही गया तो कौन सा बचेगा मेरा वज़ूद यहाँ,

फिर किस काम की होगी मेरे लिए तेरी दुआओं भरी फरियाद

मेरी रूह का आलम क्या होगा, इसकी मुझे खबर नहीं,

पर ज़िस्म तो हो जाएगा मेरा सुपुर्द-ए-खाक।

मेरी मौत की गमगीनियों में उलझने से तो अच्छा है,

तू भूल जा मेरे गुनाहों को, थामले जीते-जी प्यार से मेरा हाथ

यहीं के बने रिश्ते-नाते हैं ये, सभी ने इन्हें निभाना है यहीं तक,

क्यों न लगा दे चार-चाँद हम खुशी के इनमें अब और अभी

इसी वक्त।।

24

न आने का इल्म था मुझे, न जाने की है कोई खबर,

फिर भी इस - दुनिया की हर बात में कोई राज़ है, हर राज़ में
है कोई बात।

मैं अब यह बात समझने लगा हूँ जब आई है करीब मेरे
गफ़लतों भरी गहरी रात,

फिर भी जिए जा रहा हूँ करते हुए खुदा से पुकार कि तू ही कर
मेरी संभाल।

यूं तो रहमो-करम है मुझ पर खुदा के बेहिसाब,

पर खुद को ही न कभी समझ पाया, है इस बात का
गहरा मलाल।

बिन जाने समझे मंज़िलों की तलाश में भटकता रहा है
मैं दर-बदर,

हसरतों को मैं पालता रहा बेहिसाब इस कदर,

कि ना खुदा की याद आई, न मिली उसकी डगर।

अब जो थोड़ी बची है, न जाने किस हाल गुजरेगी।

दिल चाहता है अगला सूरज उगे उसी के रहमो-करम की
सौगात लेकर,

पर खबर नहीं, मिलेगा चैन दिल को, या मन यूं ही भटकता
फिरेगा दर-बदर।

अगर, बदल जाए फितरत इन्सानियत की ओर,

तो अन्त का क्षण बन जाएगा लम्हा एक शानदार।।

25

मैंने जीते जी कभी प्यार ना बाँटा,

बाँटा तो सिर्फ बाँटा नफरत-भरा जहान,

हर चीज़ को तौला रुपए-पैसों में, इन्सानी रिश्तों को करता
रहा नीलाम।

हसरतें पाली इतनी कि उन्हीं की जुगत में जीवन खपा दिया,

हर ख्वाइश तो पूरी हुई नहीं, रह गया थका-माँदा बन के एक
अदना सा इन्सान।

खुद की हस्ती पर गुमां है मुझे इस कदर,

कि खुदा को भी मात देने की रखता हूँ - फितरत।

अब कब समझूंगा कि ये दरिया है चौमासे का,

वरना तो ये जीवन है सिर्फ एक बियाबान रेगिस्तान सा।

इसी भूल के कारण तो हूँ मैं परेशान इतना,

कि हर घड़ी जगह-जगह ढूँढता फिरता हूँ खुशियों के मुकाम।

कब खत्म होगी ये मेरी तलाश, कब होगा मुझे सुकून का एहसास।।

26

किस बात का है अब हमें इन्तज़ार?

क्या अब भी कुछ पाना-खोना बाकी है?

इस सत्य पर मनवा कर ज़रा सोच-विचार।

बीता तो तेरा गुज़र चुका है, आने वाले आगे का ना कर
कोई ख्याल।

अपने अब में जी ले, अपने प्रभु की याद में जी ले, होगा तू
भव सागर से पार।

बनाना है प्रभु को तुझे अपना खेवन हार,

जाने-अनजाने हुई भूलों पर ना कर तू सोच-विचार,

क्या जाने वो तेरी खुद की खता थी, या रहबर का रचा संसार।

अब सिर्फ बचे हुए क्षणों का ध्यान रहे, हर कर्म हो शुद्ध और
लिए उत्तम आकार,

बना ले प्रभु को अपना खेवनहार,

है किस बात का है अब हमें इन्तज़ार।।

27

मैं आँखों में लिए आँसूं, मसलते हुए अपने खाली हाथ

खड़ा हूँ दुनिया की इस भीड़ में उदास, जैसे शांत होता है
समन्दर सैलाब के बाद।।

मैं बड़ा हुआ कुछ धुंधली-धुंधली यादों के साए में,

वो यादे हैं कुछ खट्टी-मीठी, कुछ सुख-दुख भरी।

न थी खबर अगले पल की कभी मुझे,

अलबत्ता बहुत रहमों-करम रहे मुझ पर ज़माने के।

जिस खुशी की कभी सोची भी न थी, वो खुद-ब-खुद हासिल
होती रही,

इसी दुनिया में जीने के कुछ कायदे भी सीखे,

तो वहीं भूलों का अम्बार भी लगता रहा।

न जाने कब, कैसे ज़िन्दगी ने जीने की धार पकड़ी,

जो ना था हालातों के कारण मुमकिन, वह खुद-ब-खुद होता
चला गया,

ठोकरें भी कम न लगी, फिर भी उठ कर संभलता रहा,

तसल्ली है कि जो पाना नामुमकिन था, वो सहज मैं पाता चला गया।

आए आँधी भरे झोंके भी कई, पर ज़िन्दगी तसल्ली बख़श गुज़र ही गई,

बैठा हूँ ज़िन्दगी के मोड़ पर इत्तमिनान से अब इस कदर,

कि आए बुलावा जब भी, निकल पड़ूं सुकून से अपने अगले सफर पर।।

28

तुझे मौला कहूँ, या खुदा कहूँ, या कहूँ परवदिगार,

तेरा हर नाम लेकर महकता है मेरा सूना पड़ा संसार।

तेरी नज़रों के मुझ पर रहमों-करम है इतने,

कि मेरी उलझनों की बची है ना कोई बिसात।

मेरा हर कदम उठे तुझ से ही मिलने की चाहत में, दिन
हो या रात,

हर साँस में बस तेरा ही बना रहे एक नाम।

हर कोशिश करुंगा मैं पाक-साफ जीवन बिताने की,

फिर भी मुझ से होते रहेंगे गुनाह बार बार।

तेरी ताकत तो है भगवान बेहिसाब, तेरे करुणा भरे कर्म हैं मुझ
पर बेमिसाल

तुझे ही बदलनी होगी मेरी बिगड़ी रफ्तार,

वरना मैं रह जाऊँगा बनके कतरा-ए-खाक।

29

मुझे अगर एक ज़िंदगी और बक्शीष हो जाए,

तो मेरा 'इन्सानियत' को जीने का अरमान पूरा हो जाए।

अब तक तो जो जिया वो तो सिर्फ कहने भर का जीना था,

कि जीने का इल्म जाने बगैर ही जिया।

जीता रहा खुद के वजूद को काबिज किए रखने की जुगत में,

बिन समझे कि इस ज़िन्दगी को जीने का मकसद ही क्या है!

अब जब यह मकसद थोड़ा बहुत समझ में आने लगा है,

तो उस मकसद को पूरा करने की उम्र बची ही कहाँ है!

तभी मन कहता है कि एक और ज़िन्दगी पा जाऊँ दोस्तों,

पर खुदा से है अरदास मेरी इतनी कि मैं बच्चा बनकर फिर ना
नया जीवन पाऊँ,

वरना फिर बड़ा होते होते उन्हीं गलतियों और कमियों का
पुतला बनकर न रह जाऊँ।

मिले अगला जन्म जो मुझे तो मुझ में से आवाज़ यह निकले,

कि तू खुद के लिए नहीं, इन्सानियत की खिदमत के लिए
पैदा हुआ है।

घुमा नज़र चारों ओर, और दुखियों-बेसहारों का
मददगार बन जा,

फिर-जो तू डोलेगा इस दुनिया से, तेरा मिलन होगा सीधा
खुदा से।

और कह उठेगा तेरा मन, ले पूरा हुआ तेरा इन्सान बनने का
सलोना सा एक सपना।

30

इन्सान की कहानी कोई और नहीं, वो खुद लिखता है

हर घड़ी खुद साथ जीता हुआ भी, अपनी खुदी से बेखबर है

कहाँ तो दुनिया की हर बुलंदियों को छू लेने की हसरतें
रखता है,

कहाँ ज़िन्दगी के सुनहरे पलों को धुएँ में उड़ा देता है
धूल की तरह

तभी तो हर प्रकार सुकून से जी सकने वाला इन्सान
है आज हर घड़ी परेशान

उसको अपने ज़ज्बातों पर काबू नहीं,

हर रिश्ते-नाते को वो निभाता है अपने स्वार्थ के साथ

आज के हालातों से लगता नहीं कि इन्सान इस दलदल से
निकल पाएगा कभी

इस खुदगर्ज़ी का रोग उसने पाला और पाया कहाँ से

फँस गया है वो इस दलदल में, जैसे मकड़ी फँसती है अपने
ही जाल में

परन्तु फँसी मकड़ी की तरह इन्सान का फना हो जाना भी तो माकूल बात नहीं

बचती है बस अब एक ही आस इन्सान के पास इस दर्द से बाहर निकलने की

कि इन्सान बैठे खुद के साथ, और समझने की कोशिश करे

'एक बार' मिलने वाली ज़िन्दगी का मोल

सिर्फ अपनी सोच को बदलना है, नफरत छोड़ मानवता पर प्यार बरसाना है

तभी यह तपती दुनिया, ठंडे हवा के झोंको से सराबोर हो पाएगी ।।